Schauen und Wissen!

Bildnachweis
© Majka Gerke – S. 34
© mauritius images – Norbert Fischer: S. 8/9
© Shutterstock – MOHAMED ABDULRAHEEM: S. 25; Air Images: S. 13 (l.); Alba_alioth: S. 21 (o. l.);
Antonio Baccardi: S. 17 (u. r.); Daniela Baumann: S. 30 (l.); Beautiful landscape: S. 17 (o. r.); Stephane Bidouze: S. 26;
Bildagentur Zoonar GmbH: S. 15 (l.); Aleksey Boyko: S. 23 (r.); Tanapol chaichouviboon: S. 17 (o. l.); Cineberg: S. 33 (l.);
Daisy Daisy: S. 27 (u. l.); Dotted Yeti: S. 33 (r.); Ekahardiwito: S. 4; Epitavi: S. 17 (u. l.); FCG: S. 16; Frank Fiedler: S. 20;
Nor Gal: S. 5; Elizaveta Galitckaia: S. 27 (o. l.); I_life: S. 7 (u. r.); J.AMPHON: S. 7 (o. r.); JurateBuiviene: S. 19 (l.);
kasarp studio: S. 21 (u. r.); Kostenyukova Nataliya: S. 10; Kzenon: S. 18; LI CHAOSHU: S. 12 (M.); Lia Li: S. 15 (r.);
Roman Mikhailiuk: S. 24; Monkey Business Images: S. 32 (r.); Mr_Mrs_Marcha: S. 21 (o. r.); New Africa: S. 7 (u. l.);
Elena Nichizhenova: S. 31 (l.); Olleg: S. 28; Patty Orly: S. 7 (o. l.); PalSand: S. 32 (l.); Olexandr Panchenko: S. 12 (l.);
photka: S. 11; RecycleMan: S. 21 (u. l.); RONEDYA: S. 9 (r.); seeshooteatrepeat: S. 12 (r.); Oksana Shufrych: S. 6;
Skylines: S. 2; stoatphoto: S. 14; Loretta Sze: S. 29; Visharo: S. 31 (r.); wavebreakmedia: S. 30 (r.); Shamar Whyte: S. 22/23;
Lena Wurm: S. 19 (r.); chaiyapruek youprasert: Cover; Yuliasis: S. 27 (r.)
© Umweltbundesamt – S. 13 (r.)

Originalausgabe
© 2022 Hase und Igel Verlag GmbH, München
www.hase-und-igel.de
Lektorat: Anna Schultes
Illustrationen: Hendrik Kranenberg
Satz: Appel Grafik München GmbH
Druck: Grafisches Centrum Cuno GmbH & Co. KG

ISBN 978-3-86316-414-0
1. Auflage 2022

Karolin Küntzel

Wo landet nur der ganze Müll?

Fragen und Antworten zur Entsorgung unserer Abfälle

Hase und Igel®

Müll, Abfall und Wertstoffe

Jeden Tag fällt eine Menge Abfall an. Das ist bei dir zu Hause nicht anders als in der Schule, im Geschäft oder in der Fabrik. Pro Jahr entsteht in Deutschland dabei ein Müllberg, der über tausend Meter hoch und über 400 Millionen Tonnen schwer ist. Das kann man sich kaum vorstellen!

Vieles von dem, was wir wegwerfen, ist aber noch lange kein Müll. Es kann recycelt (sprich: rießeikelt) werden. Das bedeutet, es lässt sich wiederverwerten. Aus Altglas entstehen zum Beispiel Flaschen, aus einem vollgeschriebenen Schulheft ein neues und aus Plastikbechern wird vielleicht ein Plastikstuhl. Diese Dinge haben noch einen Wert, deshalb spricht man auch von Wertstoffen. Man sammelt sie getrennt. Nur was dann von unserem täglichen Abfall übrig bleibt, wandert in die Restmülltonne. Das können so unterschiedliche Sachen wie Buntstiftreste, Heftpflaster, kaputte Kleidung und die Asche aus dem Ofen sein. Daraus lässt sich nichts Neues herstellen.

Die Massen von Müll sind ein Problem – vor allem, wenn sie in der Umwelt oder in ärmeren Ländern landen.

Mein Lexikon

Wertstoffe: So nennt man alle Materialien, die man nach ihrem Gebrauch noch einmal verwenden oder aus denen man ein neues Produkt herstellen kann. Zu den *Wertstoffen* gehören auch Gegenstände, die aus verschiedenen, wieder trennbaren Materialien gemacht sind. Ein Beispiel für solche Verbundstoffe sind Milchtüten, die aus Kunststoff und Karton bestehen.

Wie entsteht Müll?

Mein Beitrag

Überlege dir vor dem nächsten Spielzeugkauf, ob du den Gegenstand tatsächlich brauchst. Vielleicht hast du schon etwas Ähnliches, mit dem du genauso gut spielen kannst. Weniger Dinge bedeuten in Zukunft weniger Müll.

In Fabriken werden im Minutentakt Plastikartikel wie Spielzeug und Verpackungsmaterialien produziert, aber auch billige Kleidung, Modeschmuck und Möbel. Viele von den schnell und günstig hergestellten Produkten benutzen wir bloß kurz. Dann finden wir sie nicht mehr schön oder sie sind kaputt … und schwups – landen sie auf dem Müll. Früher besaßen die Menschen deutlich weniger Dinge und deshalb gab es auch weniger Abfall. Die Sachen waren lange in Gebrauch und bei Bedarf reparierte man sie.

Kinder hatten auch früher schon Dreiräder. Allerdings waren die aus Metall und hielten viel länger als spätere Plastikmodelle.

Kaum jemand flickt heute noch kaputte Kleidung. Oft ist ein neues Teil so billig, dass sich die Mühe scheinbar nicht lohnt.

Müll entsteht auch, wenn mehr hergestellt als gebraucht wird. Wenn keiner diese Dinge will, entsorgt man sie. Kistenweise Lebensmittel füllen deshalb die Container hinter dem Supermarkt. Manchmal holt sie jemand wieder heraus, um kein Essen zu verschwenden. Containern nennt man das – es ist bei uns aber verboten.

Selbst fabrikneue Kleidung schmeißen Hersteller und Händler weg, falls sich ältere Modelle nicht gut verkaufen. Schicken Kunden bestellte Ware zurück, weil sie ihnen nicht passt oder gefällt, wird diese häufig vernichtet. Das ist billiger, als sie so herzurichten, dass man sie wieder anbieten kann.

Mein Lexikon

Wegwerfgesellschaft: So bezeichnet man eine Gemeinschaft, in der sehr viel Wohlstand herrscht. Dadurch können es sich die Menschen leisten, Dinge wegzuwerfen, die sie nicht mehr verwenden oder reparieren möchten.

Für Forscher

Frage deine Eltern oder Großeltern, wie der Müll früher entsorgt wurde. Hat man ihn da auch schon getrennt und recycelt?

Wertvoller Abfall

Von den Dingen, die jeder von uns zu Hause wegwirft, kann man vieles noch recyceln. In Deutschland gilt das für mehr als zwei Drittel der gesamten Abfälle. Aus diesem Grund sortieren wir den Müll. Würde man alles zusammen in eine Tonne werfen, wäre eine Wiederverwertung sehr schwierig. Deshalb gibt es unterschiedliche Behälter für verschiedene Materialien.

Die Tonnen sind auch für Kinder leicht auseinanderzuhalten, da jede Müllsorte eine eigene Farbe hat. Bei Wohnhäusern mit vielen Mietparteien stellt man statt Tonnen meist große Container auf. Sie haben dieselben Farben.

Mein Lexikon

Sperrmüll:
Zum *Sperrmüll* zählen alle aussortierten Haushaltsgegenstände, die zu groß für die Mülltonne sind. Das sind zum Beispiel Matratzen, Möbel und Waschmaschinen. Man bringt sie zum Wertstoffhof der Stadt oder Gemeinde.

In den blauen Abfallbehälter gehören Papier und Pappe. Dazu zählen Schreibhefte, Klorollen und Bücher ohne Kunststoffeinband. Verschmutzte Papiertaschentücher müssen aber in den Restmüll.

In die gelben oder orangen Behälter kommen Verpackungen aus Plastik, Metall und Verbundstoffen wie Milch- und Saftkartons. Manchmal wird dieser Abfall auch im sogenannten Gelben Sack gesammelt.

Küchenabfälle wie Gemüsereste, Eierschalen und Kaffeesatz sind in der Biotonne richtig aufgehoben. Sie ist in der Regel braun oder grün. Auch Gartenabfälle wie Gras und Laub gehören dort hinein.

Restmüll wie Windeln, Asche oder kaputte Kleidung wird nicht recycelt. Er kommt in die schwarze oder graue Tonne. Die Müllabfuhr fährt ihn meist in eine Verbrennungsanlage.

Wohin verschwindet unser Müll?

Du kennst das: An einem bestimmten Tag in der Woche kommt der Mülllaster und holt den Inhalt der Tonnen oder Säcke ab. Der Restmüll wird zu einer Verbrennungsanlage gebracht und dort verbrannt. Dabei bilden sich schädliche Abgase. Sie werden aufwendig aus der Luft herausgefiltert, bevor diese die Anlage verlassen darf. Außerdem entsteht sehr viel Wärme, die man nutzen kann, um Strom zu erzeugen.

Die Reste des verbrannten Mülls lagert man oft auf einer Deponie. Das ist ein großer Berg aus Abfall. Auch Bauschutt, der etwa beim Abriss von alten Häusern anfällt, endet zum Teil dort. Giftstoffe leitet man über Rohre ab. Zudem soll Folie verhindern, dass sie ins Grundwasser gelangen. Später wird der Berg mit Erde bedeckt.

Nicht immer bleibt der Müll bei uns im Land. Besonders Plastik und Elektroschrott verschifft man zum Beispiel nach Asien oder Afrika. Dort sind die Regeln weniger streng und die Entsorgung ist billiger. Für die Gesundheit der Einheimischen ist der giftige Abfall allerdings ein Problem. Oft müssen sogar Kinder auf den Müllkippen arbeiten.

Früher kam der Rauch fast schwarz aus den Schornsteinen, weil es keine Filter für die Giftstoffe gab. Das ist heute anders.

Mein Lexikon

Elektroschrott: Zu *Elektroschrott* zählen alte Geräte wie Kühlschränke, Computer und Smartphones. In ärmeren Ländern versucht man, die Sachen oder Teile davon noch zu nutzen. Deshalb durchforsten Menschen die Müllkippen nach wertvollen Apparaten.

Rohstoffe recyceln

Mein Lexikon

Recycling:
Der Begriff *Recycling* leitet sich vom griechischen Wort für Kreis *(kýklos)* und der lateinischen Vorsilbe *re-* ab. Sie bedeutet „wieder". Recycling ist also ein Kreislauf, in dem Abfälle wiederverwendet werden, um etwas Neues herzustellen.

Um Dinge herzustellen, sind Rohstoffe nötig. So nennt man Stoffe aus der Natur wie Holz, Metalle, Erdöl und Kohle. Manche davon sind nicht unbegrenzt verfügbar. Deshalb ist es besonders wichtig, sie möglichst häufig wiederzuverwenden.

Ideal wäre, wenn aus dem Rohstoff ein Produkt entsteht, das sich nach dem Gebrauch so gut recyceln lässt, dass daraus ein gleichwertiges „neues" Produkt wird. Leider funktioniert das nicht mit allen Dingen. Bei etlichen Materialien wie zum Beispiel Papier oder Plastik verschlechtert sich die Qualität. Fachleute sprechen dann von Downcycling (sprich: Daunßeikling). „Down" bedeutet „herunter" und bezieht sich hier auf die Qualität. Papierfasern sind nach der Wiederverwertung kürzer und Kunststoff ist brüchiger.

Trotzdem ist Recycling (sprich: Rießeikling) sehr wichtig, denn sonst müssten für jedes Schreibheft und jede Plastikflasche stets neue Rohstoffe verwendet werden. Manche davon muss man erst fördern, also aus dem Boden holen. Jedes recycelte Produkt schont die Umwelt.

Entdeckst du dieses Symbol auf einem Produkt, weißt du: Das Material, aus dem es besteht, kann man recyceln.

Alle diese Dinge können gut wiederverwertet werden, da in ihnen keine verschiedenen Materialien untrennbar miteinander verbunden sind.

Grau war gestern: Pappe und Papier

Im Schnitt verbraucht jeder Deutsche jährlich 220 Kilogramm Papier – ganz schön viel! Immerhin: Aus Altpapier wird wieder Papier oder Pappe. Früher war sogenanntes Umweltpapier grau. Heute sieht man ihm nicht mehr an, dass es schon einmal verwendet wurde. Bis zu acht Mal kann man Papier aufbereiten. Dann sind die Fasern zu kurz für ein hochwertiges Produkt.

Das gesammelte Altpapier und die Kartons kommen in die Papierfabrik. Dort werden sie sortiert. Aus dunklem Papier kann man nämlich kein helles mehr machen. Anschließend presst man daraus große Ballen.

Das Papier wird in einer Maschine zerkleinert, gewaschen und entfärbt. Die ganze Druckerschwärze, Füllertinte und die Buntstiftfarbe müssen raus. Die Papierschnipsel lösen sich im Wasser zu einem zähen Brei auf.

Soll das Papier später sehr hell werden, muss man den Brei noch bleichen. Sonst ist das nicht nötig. Dann tropft er auf Sieben ab, wird zu Bahnen geglättet, getrocknet und zu großen Rollen gewickelt.

Aus Altpapier lassen sich auch Schulhefte und Schreibblöcke herstellen.

Schlaue Frage

Woran erkenne ich Produkte aus Altpapier?
Ob dein Schulheft aus Altpapier ist, erkennst du an der Aufschrift. Dort steht dann zum Beispiel „100 % Recycling" oder „aus 100 % Altpapier".

Das Umweltzeichen „Blauer Engel" findest du auf besonders umweltfreundlichen Produkten. Ein Heft mit diesem Logo wurde vollständig aus Altpapier hergestellt.

Glasklare Sache: Recycling von Flaschen und Gläsern

Schlaue Frage

Landet alles Altglas im Lkw in einem Fach?
Nein, das Glas bleibt auch nach der Abholung nach Farben getrennt. Im Lkw gibt es für jede Farbe ein eigenes Abteil.

Bringst du Glas zu einer Sammelstelle, gibt es oft mehrere Container. Sie sind für weiße, braune und grüne Flaschen. Hast du etwas in einer anderen Farbe wie Rot oder Blau, gehört es in den Behälter für die grünen Flaschen. Grünes Glas verträgt nämlich am meisten Fremdfarben.

Glas für den Container ist Einwegglas. Das heißt, es wird nicht neu befüllt, sondern gereinigt, eingeschmolzen und wieder geformt. So entsteht aus einem Gurkenglas vielleicht eine Glasschale.

In den Glascontainer gehören Getränkeflaschen, Konserven-, Senf- und Marmeladengläser. Trinkgläser und Fensterglas aber nicht.

Mehrwegflaschen werden meist in Getränkekisten gesammelt. Sie gelangen per Laster zurück in die Brauerei oder zum Limonadenhersteller.

Bis zu fünfzig Mal lassen sich Mehrwegflaschen befüllen. Dadurch sind sie viel umweltfreundlicher als Einwegglas, das immer wieder neu hergestellt werden muss.

Leere Mehrwegflaschen gibst du beim Händler ab und er kümmert sich darum, dass sie zurück zum Abfüller kommen. Der reinigt sie gründlich und entfernt die alten Etiketten, also die Aufkleber. Dann werden die Flaschen neu befüllt, erhalten ein aktuelles Etikett und einen frischen Schraubverschluss. In Kästen verstaut fährt man sie wieder in den Getränke- oder Supermarkt.

An diesem Zeichen erkennst du umweltfreundliche Mehrwegprodukte. Wenn du die Wahl hast: Nimm Mehrweg- statt Einwegflaschen.

Metalle: wichtige Rohstoffe

Metalle sind wertvolle Rohstoffe. Aluminium, Eisen, Kupfer, Gold und Silber zählen zum Beispiel zu den Metallen. Sie liegen tief unter der Erde. Es ist oft aufwendig und umweltschädlich, sie zu fördern. Einige der Rohstoffe wie seltene Erden sind für die moderne Technik unverzichtbar, aber sie aus dem Boden zu holen ist teuer. Deshalb ist es gut, dass sich Metalle wiederverwerten lassen.

Mein Lexikon

seltene Erden:
Seltene Erden sind besondere Metalle. Früher glaubte man, dass sie sehr selten sind. Heute weiß man, dass einige von ihnen ebenso häufig vorkommen wie Kupfer oder Nickel. Die Metalle der seltenen Erden werden unter anderem in Satelliten, Raketen und Handys verbaut.

In diesem Gebiet fördert man Kupfer. Das erkennst du an der rötlichen Farbe. Durch den Abbau von Rohstoffen wird die Landschaft zerstört und der Boden mit Giften belastet. Für die Produktion von Waren sind sie jedoch sehr wichtig.

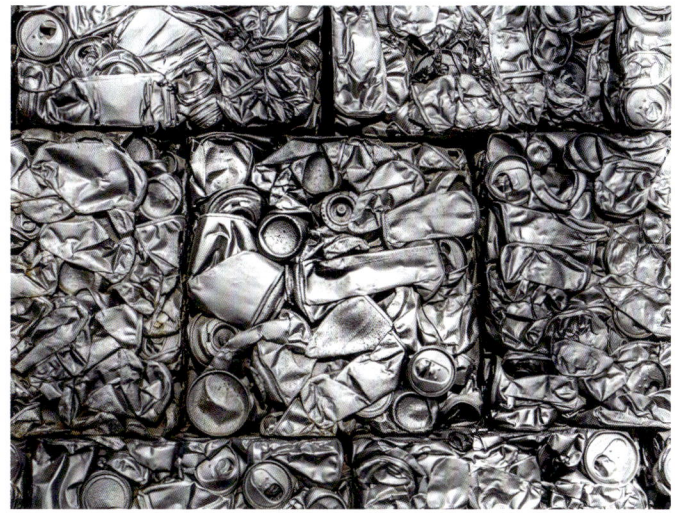

Dosen aus Aluminium und Weißblech werden zu Ballen gepresst und eingeschmolzen. Das Metall erstarrt zu Blöcken, die man später zu einem dünnen Blech auswalzt. Daraus entstehen neue Dosen.

Metallschrott aus Stahl wird ebenfalls gesammelt und recycelt. Stahl ist sozusagen verbessertes Eisen, weil er nicht so schnell rostet. Er findet sich in Dingen wie Autos, Fahrrädern und Maschinen.

Kupfer ist teuer und deshalb sehr gefragt. Es steckt in Elektrokabeln, Münzen, Autos und Handys. Das Metall lässt sich wie Stahl zu hundert Prozent recyceln und immer wieder zu neuen Produkten formen.

In Computern und Handys sind viele wertvolle Metalle wie Kupfer, Gold und Silber verarbeitet. Obwohl es aufwendig ist, sie von den anderen Materialien zu trennen, lohnt sich das Recycling.

Biomüll: Kompost in der Tonne

Mein Beitrag

Bioabfälle lassen sich gut kompostieren. Trotzdem solltest du nach Möglichkeit keine Lebensmittel verschwenden und wegwerfen. Kauft nicht mehr ein, als ihr verbrauchen könnt, und verwertet auch Reste.

In der Natur gibt es keinen Abfall. Die Blätter vom Baum fallen zu Boden, verrotten und verwandeln sich in frische Erde. Aus dieser Erde zieht der Baum Nährstoffe, wächst und bildet neue Blätter. Der Kreislauf schließt sich.

Gleiches kann für deine Bananenschale gelten, wenn du sie in die Biotonne oder auf den Kompost wirfst. Dort sammelst du alle pflanzlichen Abfälle wie Gras, Laub, Strauchschnitt, Obst- und Gemüseschalen. Winzige Lebewesen wie Bakterien sorgen dafür, dass die Abfälle zersetzt, also zerkleinert, und zu Humus umgewandelt werden. Nach ungefähr einem Jahr ist aus dem Gras und den Schalen beste Gartenerde geworden. Du kannst sie zum Pflanzen von Blumen und Gemüse benutzen. Grobe Stücke siebst oder sortierst du vorher aus.

Habt ihr keinen Platz für einen eigenen Kompost, sammelst du die Abfälle in einer Biotonne, die von der Müllabfuhr abgeholt wird. Auch in diesem Fall kann aus dem Inhalt der Tonne Pflanzerde hergestellt werden. Oder es entsteht daraus in einem Kraftwerk Wärme und Strom.

Zersetzen sich sogenannte organische Abfälle, bildet sich Wärme. Deshalb dampfen die Erdhaufen in der Kompostieranlage häufig.

In Biogasanlagen verwandeln sich die eingefüllten Stoffe wie Mais, Viehmist oder Abfälle aus der Biotonne in Gas. Verbrennt man es, kann man damit Strom und Wärme erzeugen. Die Anlagen stehen oft in ländlichen Gegenden. So muss man den Mais, der häufig extra für deren Betrieb angebaut wird, nicht weit transportieren.

Plastik: alter Müll in neuer Form

Wasser und Limonade gibt es oft in Flaschen aus Kunststoff, für deren Herstellung Erdöl nötig ist. Viele davon sind Einwegbehälter. Das heißt, sie werden anders als Glasflaschen nicht noch einmal befüllt. Täglich verbrauchen wir in Deutschland rund fünfzig Millionen Einwegflaschen aus Plastik. Man sollte sie sammeln, denn aus ihnen können neue Dinge entstehen. So wie aus deinem Joghurtbecher und deiner Shampooflasche auch.

Deine leere Plastikflasche kommt entweder in die Tonne für den Verpackungsmüll oder in den Automaten, wenn sie ein Pfandzeichen hat. Für die weitere Verarbeitung werden die Behälter zusammengepresst und in großen Ballen gelagert.

Mein Beitrag

Sprudelwasser könnt ihr euch mit einem Wassersprudler ganz leicht selbst machen. Getränkekisten schleppen ist dann nicht mehr nötig und ihr spart auf diese Weise jede Menge Plastikflaschen ein.

In riesigen Recyclinganlagen zerkleinert man die Flaschen in einer Mühle zu Plastikflocken, den sogenannten Flakes (sprich: Fleyks). Etiketten und Verschlüsse werden aussortiert.

Die Flakes kann man mit Farbpigmenten einfärben und daraus Granulat, kleine Körnchen, in allen erdenklichen Farben herstellen. Es lässt sich erhitzen und formen, zum Beispiel zu einem Gartenstuhl.

Die erhitzten Flakes lassen sich auch zu feinen Fäden ziehen. Sie sehen aus wie Garn und können genauso verarbeitet werden. Aus Plastikflaschen entstehen so unter anderem Fleece-Pullis und Decken.

Irgendwann landen aber alle Plastikverpackungen im Restmüll, denn aus Lebensmittelbehältern werden oft keine neuen. Aus ihnen lassen sich nur minderwertigere Produkte wie Blumentöpfe herstellen.

Vermüllte Gewässer

Müll, der nicht richtig entsorgt wird, landet in der Umwelt. Er bleibt nach dem Picknick auf Wiesen oder am Strand liegen, Krähen fischen ihn aus offenen Abfalleimern oder ein Sturm weht ihn weg. In manchen Ländern gibt es keine Müllabfuhr wie bei uns. Deshalb kippen einige Menschen die Abfälle einfach die nächste Böschung hinunter oder werfen sie direkt in den Fluss.

Auf dem Meer verklappen Schiffe ihren Müll. Das heißt, sie schütten ihn ins Wasser. Dort landet früher oder später auch der andere Abfall aus der Landschaft, wenn er nicht vorher aufgesammelt wird. Ist er nämlich erst einmal in einem Fluss angekommen und niemand fischt ihn wieder heraus, reist er mit der Strömung bis ins Meer. Manchmal treibt er dann jahrelang auf dem Ozean, bis ihn eine Welle an den Strand spült.

Da die meisten Abfälle aus Plastik und damit sehr leicht sind, schwimmen sie häufig auf der Oberfläche oder dicht darunter. Über lange Zeit verrotten sie nicht. So sammelt sich immer mehr Müll im Meer – Tag für Tag, Jahr für Jahr.

Schlaue Frage

Wann ist eine Plastikflasche verrottet?
Eine Plastikflasche braucht fast 450 Jahre, bis sie in ganz kleine Stückchen zerfallen ist. Vollständig lösen sich diese vermutlich nie auf.

Für Forscher

Halte auf dem Schulhof und in der Umgebung Ausschau nach achtlos weggeworfenem Müll. Welche Dinge siehst du häufig? Was könnte man dagegen tun?

Müllstrudel und Plastikinseln

Schlaue Frage

Woraus bestehen die Müllstrudel?
Sie bestehen zu 99 Prozent aus Kunststoffteilen. Dazu gehören zum Beispiel Plastikflaschen und -besteck, Deckel, Tüten, Einwegrasierer, Angelschnüre und Netze.

Plastikmüll im Meer treibt durch die Strömung und den Wind zu riesigen Inseln zusammen, den sogenannten Müllstrudeln oder Plastikinseln. Sie haben gewaltige Ausmaße. Insgesamt gibt es fünf dieser Strudel: zwei im Pazifik, zwei im Atlantik und einen im Indischen Ozean. Der größte von ihnen, der Große Pazifische Müllstrudel, befindet sich zwischen Kalifornien und Hawaii. Er ist etwa viereinhalb Mal so groß wie Deutschland. Und das ist nur der Teil, den man sieht. Auch auf dem Meeresboden sammelt sich massenhaft Abfall.

Bis jetzt gibt es noch keine Möglichkeit, die gigantischen Plastikmengen aus dem Meer zu fischen.

Tiere, die sich in Netzen verfangen, können sich meist nicht von allein befreien und sterben.

Der Müll in den Ozeanen ist ein großes Umweltproblem. Er bedroht die Tierwelt, denn viele Meeresbewohner verheddern sich in Geisternetzen. Außerdem verwechseln etliche von ihnen das Plastik mit Nahrung und fressen es versehentlich.

In den Mägen von Meeressäugern fand man bis zu vierzig Kilogramm Kunststoff, darunter Gartenschläuche und Sandalen. Oft verhungern diese Tiere, weil der Magen voll ist, sich aus dem Müll aber keine Nährstoffe gewinnen lassen. Auch Vögel und Schildkröten verenden durch verschlucktes Plastik.

Mein Lexikon

Geisternetze: Netze, die absichtlich oder aus Versehen über Bord eines Fischerboots gingen, nennt man *Geisternetze*. Sie treiben herrenlos durchs Meer.

Mein Beitrag

Verzichte nach Möglichkeit auf Produkte aus Plastik. Jedes Stück, das nicht hergestellt wird, belastet die Umwelt nicht. Benutze zum Einkaufen einen Stoffbeutel oder einen Korb und wiederverwendbare Gemüsenetze.

Strände unter Plastik

Mein Lexikon

Spülsaum:
Als *Spülsaum* bezeichnet man den Bereich, in dem sich bei höchstem Wasserstand angeschwemmte Pflanzen, Tiere oder Gegenstände ablagern.

Mit der Meeresströmung gelangt Plastik auch an die Strände und sammelt sich am Spülsaum. An einigen Stellen nur ein bisschen, an anderen so viel, dass der Strand darunter nicht mehr zu sehen ist. Urlaub möchte man da nicht machen, denn auch im Wasser schwimmt dann meist jede Menge Müll. Für die Menschen, die dort leben, ist das eine Katastrophe. Dabei haben sie die Abfälle größtenteils noch nicht einmal selbst verursacht. Sie stammen aus aller Welt, werden jedoch bei ihnen angeschwemmt.

Sammelt sich der Müll auf kleineren Inseln, gibt es oft keine Möglichkeit, ihn fachgerecht zu entsorgen.

Viele Menschen wollen helfen, die Strände sauber zu halten. Sie rufen zu sogenannten Cleanups (sprich: Klienapps) auf. Das sind Aufräumaktionen am Strand. Du kannst aber auch ohne Gruppe, in der Stadt oder im Wald Müll sammeln.

Einwegprodukte wie Trinkhalme, Plastikbesteck oder Wattestäbchen tragen enorm zur Verschmutzung der Meere bei. Deshalb verbieten immer mehr Länder die Herstellung solcher Gegenstände und setzen sich für umweltfreundlichere Alternativen ein.

Für Forscher

Achte zu Hause einmal darauf, welche Produkte aus Plastik ihr benutzt. Gäbe es dafür Alternativen? Du könntest anstelle eines Trinkhalms zum Beispiel eine Makkaroni verwenden. Trotzdem sollte man bereits vorhandene Dinge aus Kunststoff nicht einfach wegwerfen und ersetzen – auch das wäre unnötiger Müll.

Was ist Mikroplastik?

Wie viel Mikroplastik nehmen wir auf?
Pro Woche nehmen wir bis zu fünf Gramm Mikroplastik über das Wasser und die Nahrung auf. Das entspricht dem Gewicht einer Kreditkarte. Im Jahr sind das 52 Stück.

Schlaue Frage

Mein Beitrag

Verzichte auf Shampoo und Badezusätze mit Glitzer. Schau dir die Zutatenliste von Produkten an. Plastik erkennst du an Abkürzungen wie PE, PP und PET.

Plastik, das in die Umwelt gelangt, ist ein Problem. Es zerfällt in immer kleinere Stücke – bis es scheinbar verschwunden ist. Doch auch, wenn du es nicht mehr siehst, ist es noch da. Das Plastik ist dann zu Mikroplastik geworden. So nennt man Kunststoffteile, die kleiner als fünf Millimeter sind. Sie befinden sich inzwischen überall: in den Meeren und Flüssen, im Bauch von Fischen und selbst in unserem Körper. Wir nehmen sie nämlich über die Nahrung auf. Forscher gehen davon aus, dass die Teilchen der Gesundheit schaden. Sogar in der Arktis, wo kaum Menschen sind, wurden sie schon gefunden.

Mikroplastik entsteht nicht nur durch Zerfall. Es wird auch extra in Fabriken hergestellt. Wegen bestimmter Eigenschaften mischt man es in Kosmetik- und Putzprodukte. In der Zahnpasta dient es als Schleifmittel und im Duschgel für Kinder sorgt es für den Glitzer-Effekt. Besser reinigen tun diese Produkte aber nicht. Stattdessen schädigen sie die Umwelt. Denn das Mikroplastik gelangt mit dem Abwasser in die Flüsse, weil es in Kläranlagen nicht herausgefischt werden kann.

Am Strand liegt viel Plastik herum. Schaust du genau hin, kannst du im Sand Hunderte bunter Teilchen entdecken. Das ist Mikroplastik. Oft ist es noch deutlich kleiner als auf dem Foto.

Abfall vermeiden

Mein Lexikon

Nachhaltigkeit, nachhaltig:
Nachhaltigkeit bedeutet, dass man bei seinem Handeln immer auch an die Auswirkungen für die Zukunft denkt. Wer sich *nachhaltig* verhält, schützt die Umwelt, indem er zum Beispiel weniger Müll macht.

Alles, was wir wegwerfen, muss entsorgt werden. Das ist teuer und belastet die Umwelt. Deshalb ist es wichtig, möglichst wenig Abfall zu produzieren. Es gibt sogar Menschen, die versuchen, ganz ohne Müll auszukommen. Sie leben nachhaltig.

Manches muss man gar nicht kaufen, sondern kann es sich leihen, zum Beispiel Bücher. Gartencenter bieten häufig Geräte an, die man nur selten nutzt. Viele Dinge lassen sich auch gebraucht kaufen. Sie müssen für dich dann nicht neu hergestellt werden und ein anderer wirft sie nicht auf den Müll.

In jeder größeren Gemeinde gibt es eine Bücherei. Dort kannst du gegen eine kleine Gebühr Bücher, Filme und CDs ausleihen.

Kleidung, die dir nicht mehr passt, und Spielsachen, die du aussortiert hast, kannst du auf dem Flohmarkt verkaufen. Ein anderer freut sich darüber.

Mit ein bisschen Geschick und Übung ist das Fahrrad schnell repariert und fährt wieder tadellos.

Oft werden Dinge weggeworfen, weil sie kaputt sind. Vieles ließe sich jedoch mit den passenden Ersatzteilen reparieren. Das schont die Umwelt und ist meist auch günstiger als ein Neukauf.

Die löchrige Sohle unter deinem Schuh tauscht der Schuster aus. Den Riss in der Kleidung nähst du selbst oder eine Schneiderei erledigt das für dich. Sogar der Pulli mit dem fiesen Fleck ist in der Reinigung vielleicht zu retten. Das Elektrogerät repariert der Hersteller, wenn du es ihm schickst.

Schlaue Frage

Was ist Upcycling?
Beim Upcycling (sprich: Appßeikling) entstehen aus Abfallprodukten oder nutzlosen Dingen neue Sachen. Aus diesem alten Gummistiefel wurde zum Beispiel ein Pflanzgefäß.

Noch Fragen?

Warum ist die Telefonzelle voll mit Büchern?

Sie warten darauf, dass jemand sie liest. An vielen Orten gibt es Bücherschränke in alten Telefonzellen oder Bushaltestellen. Gefällt dir ein Buch, darfst du es einfach mitnehmen. Das kostet nichts. Du kannst auch selbst eines dort abgeben, wenn du es nicht mehr behalten willst.

Was kann ich in einem Unverpackt-Laden kaufen?

In einem Unverpackt-Laden bekommst du nur unverpackte Lebensmittel und Haushaltswaren. Nudeln, Reis, Müsli, Mehl oder Kakao füllst du in mitgebrachte Behälter ab. Sie werden an der Kasse gewogen und du bezahlst die Ware nach Gewicht. Verpackungsmüll entsteht so gar nicht erst.

❓ Was ist besser für die Umwelt: Batterien oder Akkus?

Akkus sind viel umweltfreundlicher als Batterien. Das liegt daran, dass sie aufladbar sind, während Batterien zu den Einwegartikeln zählen. Einen Akku kannst du dagegen bis zu tausend Mal neu laden, bevor er nicht mehr funktioniert. Zum Recyceln werden beide Produkte in grünen Boxen gesammelt.

❓ Wie gelangt unser Müll bis ins Weltall?

Tatsächlich gibt es sogar im Weltraum jede Menge Schrott. Schätzungen zufolge kreisen eine halbe Million Objekte um die Erde. Sie sind bei Arbeiten im All verloren gegangen oder es handelt sich um kaputte Satelliten und ausgebrannte Raketenteile. Für die Raumfahrt sind sie sehr gefährlich.

Die Autorin

Karolin Küntzel hat Germanistik, Geschichte und Weiterbildungsmanagement studiert. Seit 2008 arbeitet sie als freie Autorin und hat bereits zahlreiche Sachbücher für Erwachsene und Kinder verfasst. Außerdem betreibt sie einen Blog rund um Naturthemen. Sie lebt mit ihrer Familie in Bayern. Mehr Informationen findest du auf ihrer Homepage *www.karibuch.de*.